L'EMPIRE

ET

LES PARTIS

PARIS

IMPRIMERIE DE L. TINTERLIN ET Ce

rue Neuve-des-Bons-Enfants, 3.

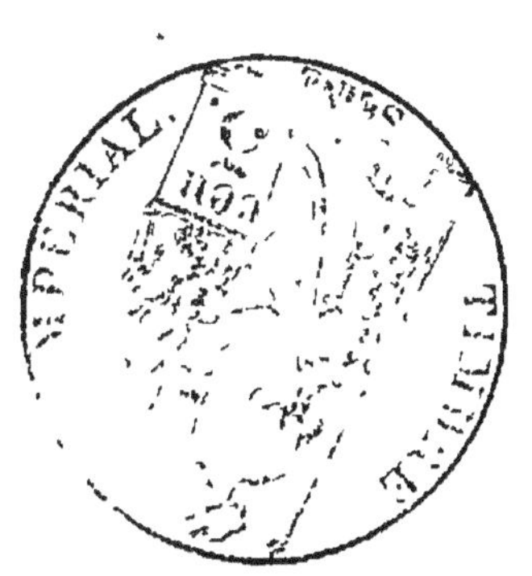

L'EMPIRE

ET LES

PARTIS

PARIS

E. DENTU, LIBRAIRE-ÉDITEUR

PALAIS-ROYAL, 13 ET 17, GALERIE D'ORLÉANS

—

1862

L'EMPIRE

ET

LES PARTIS

<hr>

ORIGINE DES PARTIS EN FRANCE.

Quelle effroyable bigarrure présente aujourd'hui la France au point de vue moral, et quelle diversité d'idées sous cette apparente uniformité d'administration et de législation ! En la voyant déchirée par les partis qui la divisent, on se surprend quelquefois à regretter le passé et à douter de l'avenir.

Au moyen âge, le régime féodal, accepté par tous, parce qu'il était, en définitive, le seul convenable pour un temps de formation, ne divisait pas les esprits. On guerroyait beaucoup, mais on se battait pour un donjon et non pour un principe ; et le peuple vivait en assez bonne intelligence avec les hauts barons qui associaient volontiers leurs vassaux à leurs fêtes de famille. Chaque province, il est vrai, avait ses coutumes, ses mœurs, son caractère, quelquefois même sa langue ; l'idiome breton différait de l'idiome picard, et ce dernier n'était pas compris par l'habitant du Languedoc, dont la langue, plus sonore et plus métallique, courait déjà dans tout le midi de la France chantée par les troubadours et applaudie par les dames ; mais aucune question politique n'armait les citoyens les uns contre les autres. Le paysan obéissait à son seigneur, ce dernier obéissait au roi et à cela se réduisait ce système qui enlaçait la France dans son réseau d'acier. Si des guerres civiles éclataient, elles étaient le résultat de haines religieuses et non de haines politiques, témoin la guerre des Albigeois.

Sous la monarchie absolue, même unité morale. La royauté qui vient de traverser les guerres de la Ligue, dure épreuve où elle s'est fortifiée au vent de l'orage, et qui n'a plus à redouter la féodalité frappée par Louis XI et abattue par Richelieu, s'élève fièrement sur les débris du moyen âge, dont les ombres vont toujours s'affaiblissant. Elle règne en souveraine, et malheur à qui oserait toucher à sa couronne qu'elle prétend ne tenir que de Dieu et de ses aïeux! Les Bourbons sont maîtres absolus et le peuple se courbe devant eux, heureux encore quand on lui permet de crier de temps en temps : vive le roi ! Comme si ce cri n'honorait pas celui pour lequel il est jeté, mais bien ceux qui le profèrent. Telle était l'ancienne France.

Mais aujourd'hui il n'en est plus ainsi. Depuis 89, l'unité morale du pays est brisée et plusieurs partis s'en disputent la possession.

En effet, en brisant la noblesse et en faisant disparaître les derniers vestiges de la Féodalité, Richelieu n'avait que momentanément affermi la royauté ; car, en réalité, il l'avait affaiblie en l'isolant. Aussi lorsque, cent ans après, la Royauté se trouva en face de la terrible figure du peuple qui vint lui demander ce qu'elle avait fait du passé et ce qu'elle prétendait faire de l'avenir, elle recula effrayée et aucune épée ne sortit du fourreau pour la défendre. Elle tomba, et le cri de : vive la nation ! couvrit celui de : vive le roi ! A partir de cet instant il y eut deux partis en France.

Cependant, il fallait un chef à ces masses de soldats qui, sans souliers et sans pain, s'en allaient vers la frontière pour combattre l'étranger ; il fallait aussi un homme de génie pour réorganiser un pays couvert de ruines, pour donner une législation nouvelle à un peuple nouveau. Ces deux hommes se rencontrèrent dans Napoléon Bonaparte. De sa main puissante il saisit la Révolution comme le sculpteur saisit l'argile, et lui donna une forme. Puis, cédant à l'entraînement de la fortune et aux vœux d'un peuple fatigué de dix ans de tempête, il plaça sur sa tête la couronne de France et annonça au monde qu'une nouvelle race de rois venait d'apparaître. Alors les Républicains se divisèrent en deux camps. Les uns saluèrent dans Napoléon la Révolution couronnée ; les autres, les puritains du parti, en fort petit nombre, il faut le dire, protestèrent par leur silence contre ce qu'ils regardaient comme une déviation au principe pour lequel ils avaient combattu à Jemmapes et à Marengo. Au cri de : Vive la nation ! succéda celui de : Vive l'Empereur ! et trois partis se partagèrent alors le pays. Dix années. s'écoulèrent glorieuses pour la France, qui proména son drapeau troué par les balles, mais porté par la victoire, sur tous les champs de bataille de l'Europe. Mais 1814 et 1815 arrivèrent. Une mer d'acier submergea la France et le soldat découronné partit pour l'exil.

Les Bourbons revinrent et l'on crut un instant que l'ancienne royauté allait sortir victorieuse du combat à outrance que depuis vingt ans lui livrait le peuple. Il n'en fut rien. Rêvant un passé impossible à refaire elle vint se heurter contre un peuple nouveau et se brisa dans le choc.

Alors la branche d'Orléans, qui avait trempé sa main dans le sang de Louis XVI, qui avait combattu à Jemmapes et qui avait accepté toutes les gloires de la République et de l'Empire, ceignit à son tour la couronne. Elle tomba aussi pour des causes que nous analyserons plus loin ; mais dans sa chute elle déchira encore la France, qui dut compter avec un quatrième parti. Tel est, en peu de mots, le résumé de notre histoire depuis 89.

Examinons donc ces partis, étudions-les avec ce sérieux, cette loyauté, cette impartialité qui sont l'honneur de l'historien ; car tous ils ont leurs splendeurs et leurs taches, et voyons dans l'état actuel de notre

société lequel des quatre peut le mieux faire le bonheur de la France.

I

DU PARTI LÉGITIMISTE.

Le premier de ces partis, au point de vue histori-
que, est le parti légitimiste. Ce parti est celui qui présente à l'esprit le plus de grandeur et qui inspire le
plus de respect ; car il a pour lui le prestige du passé,
immense avantage par lequel il s'est soutenu jusqu'à
ce jour. Avoir un passé est, en effet, une chose immense et il en est des partis comme des particuliers.
L'homme qui entre dans le monde et qui s'appelle
Luynes ou Montmorency aura aux yeux de la société
un prestige bien supérieur, lui fût-il inférieur en intelligence et en vertu, à l'homme qui s'appellera Be-
noît ou Martin. Nous subissons l'influence des grands
noms parce qu'ils nous rappellent de grandes choses,
et cela est dans notre nature. Quand un parti a derrière lui dix siècles d'existence, il a dans le pays de
profondes racines, semblables au vieux chêne que l'on
coupe, mais dont le tronc jette çà et là des pousses
nouvelles. Vous le proscrivez, mais il revient en disant :
« J'étais là avant vous. » Outre son ancienneté, le parti
légitimiste a aussi ses gloires militaires : Bouvines,

Marignan, Rocroy, Fontenoy et tant d'autres, sont des noms chers à tous les cœurs français. Le soldat d'autrefois valait bien le soldat d'aujourd'hui. La tactique n'était pas la même, mais le courage était égal; et si, au dix-huitième siècle, la noblesse perdait de sa grandeur en allant faire tapisserie dans les galeries de Versailles, elle retrouvait son énergie en présence de l'ennemi, et d'Assas tombait percé par les baïonnettes hanovriennes en s'écriant : « A moi, Auvergne, voilà l'ennemi ! » Les noms de Duguesclin, de Bayard, de Crillon, de Turenne, de Condé, de Villars et de Luxembourg sont des noms immortels et qui appartiennent au pays. A ses gloires militaires, le parti légitimiste peut encore ajouter ses gloires littéraires. Villehardouin, le sire de Joinville, Thibault de Champagne, le duc de Saint-Simon, le duc de La Rochefoucauld, ne sont-ils pas des écrivains dont s'honore la France moderne ? Et puis n'est-ce donc pas dans les salons de cette noblesse si décriée que les doctrines philosophiques du dernier siècle se sont développées ? N'est-ce donc pas elle qui accueillait et applaudissait Rousseau, et qui allait même lui rendre visite à Montmorency, chez le maréchal de Luxembourg, où il avait reçu la plus délicate hospitalité ? Il est un fait incontestable, c'est que la noblesse a propagé elle-même les idées dont la réalisation devait plus tard contribuer à lui faire prendre le chemin de l'exil.

Sous le rapport de la distinction et de l'élégance, la noblesse française est encore aujourd'hui ce qu'elle était autrefois, c'est-à-dire la première de l'Europe.

Ces grands seigneurs possesseurs de fortunes immenses qu'ils reçoivent en naissant, descendants d'une race qui tenait dans ses mains les plus belles portions du pays, élevés au milieu du luxe et de la grandeur, ont dans leurs manières cette aisance et ce je ne sais quoi d'exquis qui se sent, mais qui ne se définit pas.

Ajoutons encore que le parti légitimiste est riche en caractères de femme. Marie-Antoinette, la duchesse de Berry, Mademoiselle de Sombreuil, sont des types remarquables comme grâce et comme énergie, et dût notre expression faire naître un sourire sur les lèvres du lecteur, nous dirons un mot qui pourra paraître singulier dans une étude politique, mais qui est profondément vrai, c'est que le parti légitimiste, par son histoire et ses souvenirs, où la puissance se mêle au sang et aux larmes, est un parti excessivement poétique qui a attiré dans ses rangs beaucoup d'hommes à imagination vive.

Or, comment se fait-il que ce parti, avec le prestige de son passé, avec l'éclat de ses gloires militaires et littéraires, avec les nobles caractères qu'il a produits, se trouve aujourd'hui incapable de gouverner la France et soit réduit à faire à ses adversaires une petite guerre de salon, fort divertissante parfois et nullement dangereuse? Telle est la question qui se présente naturellement à l'esprit et à laquelle nous allons essayer de répondre.

Selon nous, la faiblesse du parti légitimiste tient à deux choses, d'abord à l'isolement dans lequel il vit et qui est le résultat du principe du droit divin sur lequel il repose, ensuite à son alliance intime avec le clergé.

En effet, les légitimistes ne manquent pas de patriotisme et on a souvent été injuste envers eux en prétendant le contraire ; mais leur patriotisme est étroit et peu éclairé. Ils se souviennent toujours qu'avant 89 ils étaient les uniques possesseurs du sol, et pour eux la France c'est eux-mêmes, les autres Français ne sont que d'heureux rebelles auxquels ils pardonnent volontiers, mais auxquels ils ne se mêlent jamais. C'est ce sentiment de fierté qui explique la conduite des Bourbons en 1814 et en 1815. On les a beaucoup blâmés de revenir ramenés par les baïonnettes étrangères ; mais ce retour était la conséquence de leurs idées et jusqu'à un certain point ils étaient logiques avec eux-mêmes. Pour eux les Russes et les Autrichiens n'étaient que des gendarmes qui les aidaient à rentrer dans leur domaine injustement envahi. Cette pensée transpire dans tous leurs actes, dans toutes leurs paroles, dans tous leurs écrits. Louis XVIII octroie la Charte et ne la reçoit pas ; il date ses ordonnances de la vingt-unième année de son règne ; ses sujets sont pour lui des enfants égarés auxquels il rouvre ses bras et auxquels il veut bien pardonner un accès de mauvaise humeur qui a duré vingt ans. On comprend facilement qu'avec une politique paternelle si on veut, mais humiliante par cela même qu'elle affichait trop haut le pardon, la France et les Bourbons ne pouvaient pas tarder à se brouiller de nouveau, et le Mémoire au Roi, rédigé en 1814 par Carnot, Mémoire qui eut un si grand succès et dans lequel le fier républicain reproche à la noblesse d'avoir causé la mort de Louis XVI en l'abandonnant, et de vouloir à son retour effacer toutes les gloires de la République et de l'Empire, ne fut que le cri de la France blessée par les froideurs et les dédains de ses anciens maîtres. Le parti légitimiste est resté fidèle à cette politique de l'isolement, aussi n'a-t-il pas avancé d'un pas depuis 1830. Il repousse ceux qui viennent lui offrir un loyal concours, lorsque ces soldats dévoués n'ont pas de blason, et si parfois, poussé par la nécessité, il daigne les accueillir, il leur fait comprendre qu'ils doivent toujours garder une distance respectueuse, fort honorés qu'ils sont de combattre pour lui.

Aussi, que résulta-t-il de cette façon d'agir? C'est que le vide se fait tous les jours autour de ce parti. La France dit aux Bourbons : « Puisque vous êtes d'une « race supérieure à la mienne, puisque le sang qui « coule dans vos veines n'est pas le même que celui « qui coule dans les miennes, renoncez à l'honneur « de me gouverner et laissez-moi choisir tranquille- « ment un souverain qui sache me comprendre. »

La seconde chose, avons-nous dit, qui fait la faiblesse du parti légitimiste, c'est son alliance intime, indissoluble, avec le clergé. Ceci est une vérité frappante, incontestable. Il semble aux yeux des légitimistes, qu'on ne pourrait pas être bon royaliste sans descendre dans le cercle de cette piété stérile qui se traduit de nos jours par le culte des petites images, des médailles, du chapelet et des fleurs artificielles, et que le trône ne pourrait se soutenir sans être étayé par l'autel. Aussi est-il curieux de voir les petits-fils des grands seigneurs du siècle dernier, qui applaudissaient Voltaire, aller à la messe et afficher un esprit religieux qui est un des traits caractéristiques des habitants du noble faubourg. Aujourd'hui les grandes dames vont à la messe par ton et par convenance, et la soutane du prêtre de Saint-Thomas-d'Aquin, cette paroisse de l'aristocratie française, se promène en reine sur les riches tapis de leurs splendides demeures. Or, il faut bien le reconnaître, le clergé, pour des causes qu'il serait trop long et peut-être même inutile d'examiner ici, est peu populaire en France depuis 89, et la royauté, en l'acceptant pour allié, parce que, comme elle, il avait eu à souffrir de la Révolution, a fait une faute immense qu'elle ne pourra réparer. Nous disions tout à l'heure que toutes les paroles et tous les discours prononcés par les Bourbons à leur retour de l'exil étaient empreints d'une hauteur choquante pour la nation. De ces documents, il faut en excepter un ; c'est la réponse du comte d'Artois au Corps législatif. Elle paraît être le dernier cri de patriotisme échappé aux Bourbons. Elle n'est pas longue, la voici : « Nous sommes tous « Français, nous sommes tous frères. Le roi va arriver « parmi nous; son seul bonheur sera d'assurer la « prospérité de la France et de faire oublier les maux « passés. Ne songeons plus qu'à l'avenir. Le roi et « moi, nous avons vivement senti le mérite de votre « courageuse résistance à la tyrannie, dans un mo- « ment où il y avait un grand danger à réclamer con-

« tre la cruelle oppression qui pesait sur la France ;
« enfin nous voilà tous Français. » A part certaines
paroles injustes et exagérées, cette réponse du comte
d'Artois nous paraît remarquable. Ces derniers mots :
Enfin nous voilà tous Français, semblent s'échapper
du cœur d'un homme heureux de se retrouver au milieu de ses concitoyens après une longue absence.
Eh bien ! qui a perdu ce prince, bon, loyal, chevaleresque, vraiment Français, dans les veines duquel le
vieux sang gaulois semblait réellement couler, si ce
ne sont les évêques dont il s'est entouré ? Du moment
où la Restauration s'est livrée au clergé, son arrêt de
mort a été signé. La France aurait peut-être pardonné
aux Bourbons leur hauteur et leur dédain, elle leur
aurait même pardonné de méconnaître sa souveraineté, parce qu'elle se sentait forte et capable de la
faire respecter lorsque besoin serait ; mais elle ne
leur pardonna pas de vouloir la livrer au clergé qui
lui aurait imposé la plus dure des tyrannies, celle
des idées.

Tel est le parti légitimiste. Grand par le passé, mais
impuissant pour l'avenir, il ne doit plus prétendre à
gouverner la France. Semblable à ces nobles ruines
dont chaque jour fait tomber une pierre, et qui, à un
moment donné, finissent par s'écrouler, il voit ses
gloires tomber et périr l'une après l'autre jusqu'au
moment où, heurté violemment, il disparaîtra sous ses
propres débris.

II

DU PARTI RÉPUBLICAIN

La République ! A ce nom magique quel est l'homme qui ne sent pas se réveiller en lui l'enthousiasme de ses vingt ans ? Au printemps de la vie, dans ces jours où notre cœur, que n'a pas encore froissé le contact des hommes et des choses, croit à tout ce qui est grand, noble et généreux, le mot de République, qui présente à nos yeux l'image de la patrie sauvée par l'héroïsme de ses enfants, nous impressionne vivement et séduit notre imagination. En effet, s'il est douloureux de voir la France se débattre dans le sang qui coule des échafauds et dans les convulsions de la plus atroce des guerres civiles, il est beau de la voir, dans ce moment de crise suprême, lancer quatorze armées à la frontière et, par un de ces efforts qui décident de la vie ou de la mort d'une nation, repousser l'étranger. Il est beau aussi de voir ces hommes qui, demain peut-être, iront porter leur tête à la guillotine, travailler sans relâche à organiser la défense nationale et dormir paisiblement sur le gouffre qui doit les dévorer. Patience, audace, dévoucment, rien ne leur manque, ils sont même gais devant la mort !

Mais quand, avec les années, on a fait une étude plus sérieuse et plus complète de l'histoire, on s'aperçoit bien vite que la République, habile dans un moment de danger à sauver une nation par la mâle énergie qu'elle inspire à ses enfants, ne peut être l'état ordinaire d'un grand pays comme la France. L'ennemi, fort heureusement d'ailleurs, n'est pas toujours à la frontière, et la République ne sera jamais chez nous qu'un gouvernement de transition.

Nous affichons bien haut le culte des idées ; mais, si amis de l'idée que nous soyons, nous avons besoin que celle à laquelle nous nous dévouons prenne une forme et se personnifie dans un homme. En un mot, il faut un drapeau à un parti et ce drapeau manque au parti républicain. Non-seulement il lui manque aujourd'hui, mais il lui manquera toujours ; car le gouvernement de tous n'est le gouvernement de personne, et là où tout le monde commande il n'y a plus de commandement. Les républicains n'ont entre eux aucun lien, ils n'ont pas d'unité. L'un entend la république à sa façon, l'autre l'entend à la sienne ; de là des luttes sanglantes où périt la liberté. Le jour où un chef puissant parviendrait à s'élever assez haut pour dire : « La République, c'est moi ! » il ne tarderait pas à avoir des ennemis, et il tomberait comme est tombé Robespierre.

D'ailleurs, la vraie république a-t-elle jamais existé ? Les républiques de la Grèce et Rome dans l'antiquité comptaient plus d'esclaves que d'hommes libres. Les républiques italiennes du moyen âge étaient dominées par une aristocratie puissante et redoutable. De nos jours enfin, la grande république américaine se débat dans les horreurs d'une guerre acharnée, qui a pour principe l'abolition de l'esclavage acceptée par les uns et repoussée par les autres. Seule, la Suisse a pu se donner une constitution vraiment républicaine et rester paisible. Mais la Suisse est un petit État entouré de puissants voisins intéressés à ce qu'aucune division ne vienne le partager, et qui ne lui permettraient pas la fantaisie d'une révolution. La Suisse est république parce qu'elle ne peut pas être autre chose, et son rôle politique est nul en Europe. Aussi, faut-il le reconnaître, la république est un rêve brillant, mais impossible à réaliser.

Les philosophes du siècle dernier, ces intrépides athlètes de l'égalité, avaient rêvé la République ; mais ils demandaient aux citcyens la chose la plus rare à trouver ici-bas, la vertu ! Ils voulaient une République philosophique reposant sur leur principe chéri, l'égalité, et demandaient aux peuples le désintéressement et le sacrifice des intérêts particuliers à l'intérêt général. Ils voulaient faire de la race humaine une grande famille où tous les hommes auraient été frères. Le rêve était beau et on ne peut refuser à ceux qui se sont laissés entraîner au courant d'une doctrine aussi pleine de mansuétude, un grand amour de l'humanité. Mais quand il s'est agi d'appliquer la leçon et de faire descendre la théorie dans la région des faits, la résistance a été aussi vive qu'imprévue. Cette noblesse enrubannée qui avait visité Rousseau et applaudi Voltaire, en se sentant atteinte au cœur de sa puissance, poussa un cri de détresse et préféra quitter le sol de la patrie que de perdre ses priviléges. Pour la briser, il fallut la hache du bourreau, et, par une de ces étranges contradictions qui portent quelquefois la raison humaine à douter d'elle-même, l'ouvrier de Rousseau fut Robespierre. Plus tard, après bien des renversements, après le passage successif de trois dynasties sur le trône de France, un homme de cœur et de génie tenta de rétablir la république. Mais il se heurta au socialisme, ce parti de l'impossible, et il tomba sans achever son œuvre qui s'écroula sur lui. Le peuple de 48 n'était plus celui de 89. Travaillé depuis longtemps par les doctrines socialistes, il trouvait les libertés conquises par ses pères trop restreintes et trop étroites, ou plutôt il ne rêvait qu'une seule liberté, celle de vivre heureux sans peine et sans labeur, oubliant que le travail est une loi à laquelle l'homme ne peut se soustraire. Aussi la révolution de 48 fut-elle plutôt une révolution sociale qu'une révolution politique. On s'inquiétait peu d'organiser l'État, mais on parlait d'organiser le travail, c'est-à-dire de trouver un ingénieux moyen de vivre sans rien faire. Lancés dans cette voie, les esprits ne s'arrêtèrent plus. Une lutte violente éclata entre les partis, les socialistes prirent les armes, on descendit dans la rue, et la république tomba sous les balles républicaines.

Enfin, et c'est une question qu'il importe d'examiner en terminant, la France est-elle réellement républicaine? Non. La France est essentiellement monarchique, et son histoire est là pour le prouver. Elle aime la liberté, mais elle adore le commandement, et pourvu qu'on le lui dissimule avec habileté, elle accepte volontiers le frein. Elle a des colères, mais ses colères ne durent pas, et lorsqu'il faut qu'elle se conduise toute seule, elle est bientôt ennuyée et lassé d'elle-même. Son amour de l'égalité est un amour de convention. Le Français aime l'égalité, non pas pour élever jusqu'à lui l'homme qui lui est inférieur, mais en réalité pour s'élever lui-même jusqu'à celui qui lui est supérieur. La France est militaire. Elle aime à respirer la fumée des champs de bataille, et un général heureux pourra toujours chez elle échanger son chapeau à plumes contre une couronne d'or.

Certes, on aurait tort de nier les bienfaits de la révolution, c'est elle, en définitive, qui a fait la France ce qu'elle est aujourd'hui, et l'État repose sur les grands principes qu'elle a proclamés. Cependant, avouons-le de bonne foi, nous ne sommes pas républicains et la République, fort difficile à établir, même en Amérique, est impossible en France.

III

DU PARTI ORLÉANISTE

Avez-vous visité la chapelle Saint-Ferdinand, ce monument commémoratif du plus grand malheur qui, de nos jours, ait frappé la famille d'Orléans? Vous êtes-vous jamais arrêté devant ce marbre si plein de douleur qui représente couché et expirant un jeune prince qui porte l'uniforme français? N'avez-vous pas senti vos yeux se mouiller de larmes à la vue de cette noble figure, si jeune et si belle, alanguie déjà par la mort. L'artiste a été si vrai, si profondément et si douloureusement inspiré, que la pâleur du mourant se lit même sur le marbre. Puis si, quittant ce tombeau, vous pénétrez dans la sacristie placée derrière l'autel, une toile navrante se présente à vos yeux. Sur cette toile, animée par le pinceau, vous retrouvez, étendu sur un matelas, par terre, un drap blanc jeté sur son pantalon rouge, une épaulette d'or pendante sur son habit bleu déboutonné, l'infortuné jeune homme dont la statue vous a déjà si profondément ému. Au pied du lit improvisé, un genou en terre, le front incliné par la tristesse, mais calme et résigné cependant, se tient un vieillard; ce vieillard, c'est le roi. La reine éplorée embrasse le corps de son fils auquel le curé de Neuilly administre les derniers sacrements. Les ducs d'Aumale et de Montpensier sont debout à la tête du lit, pleurant ce frère bien-aimé qui devait être leur roi et qui avait toujours été leur plus sincère ami. Derrière le roi se tiennent plusieurs ministres et les maréchaux Soult et Gérard, qui semblent méditer sur l'horrible catastrophe qui vient de frapper la dynastie. Une immense douleur remplit cette toile, douleur communicative, car on ne peut se défendre d'une vive émotion en voyant la désolation de cette noble et brillante famille qui, malgré le coup dont elle était atteinte, promettait encore de si beaux jours à la France.

En effet, la famille d'Orléans paraissait avoir tout ce qu'il fallait pour garder la couronne. C'était la plus belle famille royale qui existât en Europe. Après la mort du duc d'Orléans, enlevé à l'affection du pays, elle comptait encore quatre princes dont trois avaient déjà fait leurs preuves en Afrique et sur mer. Ces princes, réellement Français, ayant porté l'uniforme du soldat et conquis leur grade à la pointe de leur épée, étaient dignes de commander à la France, dont ils partageaient les idées et les aspirations nouvelles; mais la politique de leur père les perdit.

Sage, économe, doué d'une grande habileté, ayant lui aussi fait ses preuves comme soldat, mais s'imaginant que la paix était le seul fondement sur lequel il pût asseoir sa dynastie, le roi Louis-Philippe, dominé par cette dernière idée, lui sacrifia tout et commit la faute irréparable d'humilier la France devant l'Europe. En cela, il se montra, malgré son habileté reconnue, peu connaisseur du caractère français. La fierté est un des traits du caractère national, et la France eût volontiers pardonné à Louis-Philippe la dépense de quelques millions; mais elle ne lui pardonna pas d'avoir abaissé son drapeau devant l'étranger. Louis-Philippe pensait que la guerre le perdrait. C'était une erreur; car la guerre, au contraire, pouvait seule le sauver. Elle aurait ajouté à sa couronne le prestige de la victoire et lui aurait donné la force nécessaire pour dompter les partis qui sapaient son trône. En supposant même que la victoire l'eût trahi, il eût rappelé à la nation qu'il était toujours le soldat de Jemmapes, et la France, par honneur, ne l'eût pas abandonné. D'ailleurs, la guerre aurait eu cet avantage inestimable de distraire les esprits qui, au lieu de s'occuper de misérables questions de politique intérieure, n'auraient plus pensé qu'aux grands intérêts du pays.

Louis-Philippe ne comprit pas cela. Il craignait de risquer sa couronne en risquant un coup d'épée; il hésita, il louvoya, et cette hésitation le perdit.

Une seconde faute de ce prince, c'est d'avoir considéré le régime parlementaire comme une chose sacrée à laquelle il ne faut pas toucher. On lui a reproché d'avoir manqué à ses promesses et d'avoir violé la charte. Ce reproche est injuste; car, s'il eut un tort, ce fut précisément de prendre la charte trop au sérieux. Il ne s'effrayait pas trop des luttes occasionnées par le régime parlementaire, régime le plus favorable aux violences des partis qui ébranlent à leur aise le trône, tandis que les ministres défendent leur portefeuille ; cependant il ne lui vint pas à l'esprit qu'à un moment donné les Chambres peuvent très-bien ne plus être l'expression fidèle des sentiments du pays, et qu'alors le devoir de la royauté est d'intervenir énergiquement entre le pays et ses représentants inhabiles à le comprendre. Cette théorie, sans doute, a ses dangers ; car, qui pourra fixer le moment où cette intervention de la royauté devient légitime par nécessité ? La réponse est difficile. Cependant, il est évident qu'on ne peut pas laisser les destinées d'une nation à la merci d'une Chambre divisée entre plusieurs partis qui se déchirent les uns les autres, et qu'il est parfois du devoir de la royauté de se jeter entre les combattants. D'ailleurs, ces moments où l'intervention de l'autorité royale devient légitime par nécessité, se sentent parfaitement et la nation se hâte toujours de légitimer par son vote l'initiative éclairée de son chef. Nous ne voulons pas médire du gouvernement parlementaire ; car, détestant le despotisme et repoussant l'anarchie, aimant la liberté, mais une liberté sage et sévère, c'est en définitive avec le parlementarisme, plus ou moins modifié selon les circonstances, que nous vivons depuis soixante ans ; cependant, comme l'absolutisme et le gouvernement républicain, il a ses travers et ses moments de défaillance, et lorsque le chef de la nation, en voyant le vaisseau de l'État prêt à sombrer dans une tempête parlementaire, intervient, il ne fait en somme que remplir son devoir de premier pilote. Louis-Philippe s'exagéra la puissance des Chambres, il recula devant elles comme il avait reculé devant l'Angleterre, et, n'osant pas les briser, il fut brisé par elles.

Enfin, la troisième faute que commit Louis-Philippe fut de s'appuyer uniquement sur la classe moyenne, c'est-à-dire la bourgeoisie. La bourgeoisie, il est vrai, est forte et nombreuse, elle forme même, si l'on veut, la majorité de la nation ; mais elle est profondément indifférente et n'a pas de passion. Occupée de son commerce ou de la culture de ses terres, peu lui importe le nom de celui qui gouverne. Ayant tout à perdre dans une révolution et rien à gagner, elle défendra d'abord celui qui est au pouvoir ; mais comme elle craint assez de se faire tuer, elle s'empressera de prêter serment à celui qui arrive pour retrouver de suite le calme dont elle jouissait sous celui qui s'en va. Voilà, en peu de mots, le rôle de la bourgeoisie dans nos révolutions, et si elle intervient quelquefois entre les partis extrêmes, c'est toujours et uniquement dans l'intérêt de l'ordre, car elle n'impose jamais son candidat par la simple raison qu'elle n'en a pas. On pense bien qu'en s'appuyant sur une telle classe, Louis-Philippe ne put résister au choc des masses populaires lorsque ces dernières, irritées de l'oubli dans lequel on les laissait et travaillées par les doctrines les plus subversives que la liberté de la presse permettait de répandre dans les ateliers, se ruèrent à l'assaut de la royauté.

Louis-Philippe dépopularisa ainsi sa famille, et il la jeta dans l'exil sans espoir de retour.

IV

DE L'EMPIRE

« Mon fils, disait saint Louis, au moment où il allait « expirer sur la côte d'Afrique, à l'aîné de ses enfants, « le roi Philippe III, si vous deviez faire le malheur « de vos peuples, j'aimerais mieux qu'un Écossais vînt « d'Écosse pour gouverner le royaume de France. » Après cinq siècles, le désir du premier ancêtre de la maison de Bourbon s'est réalisé, et aujourd'hui un homme, non de race écossaise, mais de race italienne, gouverne la France.

La famille Bonaparte eut une singulière destinée et un étrange bonheur. Né en Corse en 1769, deux mois après la conquête de cette île par les Français, Napoléon Bonaparte plaçait sur sa tête, à l'âge de trente-cinq ans, la couronne de ceux qui avaient subjugué sa patrie. Aussi, quand ils revinrent de l'exil, les Bourbons, qui goûtaient fort peu la parole de saint Louis, s'efforcèrent-ils de mettre un abîme entre la France et l'Empereur, en disant de ce dernier qu'il n'était pas Français. Cette pensée transpire dans la réponse du comte d'Artois que nous avons rapportée plus haut. Mais le trait n'atteignit pas celui contre lequel il était dirigé, car la France ne voulut jamais regarder comme un étranger celui qui avait porté son nom si haut et qui l'avait faite si grande. En effet, si Napoléon n'était Français ni par le nom, ni par l'origine, ni même par son caractère et par la nature de son génie, il l'était par le cœur. Il aima la France avec passion, il sut la comprendre, et tel fut le secret de son étonnante fortune. Quelques temps avant de mourir, il disait à ses compagnons d'exil : « Je veux que « mon corps repose sur les bords de la Seine, au mi- « lieu du peuple français que j'ai tant aimé. » Il y a dans ces paroles, dites sur le rocher de Sainte-Hélène, une nuance qui se sent parfaitement. Napoléon ne dit pas : Au milieu de mon peuple, car ce peuple n'est pas le sien ; mais : au milieu du peuple français que j'ai tant aimé, au milieu de ce peuple qui m'a adopté, que j'ai rendu si grand et pour lequel mon cœur battra jusqu'au dernier soupir. Et la France a répondu au désir du captif. Elle est allée à travers les mers chercher les restes mortels de l'étranger, et lorsque son cercueil a traversé ses villes et ses campagnes, elle s'est agenouillée sur son passage et l'a mouillé de ses larmes.

La force de l'Empire, c'est d'avoir un passé qui ne le cède en gloire au passé d'aucun parti, c'est de personnifier la France moderne en s'appuyant sur un principe nouveau, c'est de tenir bien haut le drapeau français, en un mot, c'est d'être éminemment national.

Nous n'avons pas l'intention d'esquisser ici l'histoire du premier Empire. Çette histoire, tout le monde la connaît; car c'est au récit de ces grandes batailles, qui ont acquis à la France une gloire immortelle, que nous avons grandi. Austerlitz, Iéna, Wagram, Champ-Aubert et Montmirail, sont des noms qui rivalisent dignement avec ceux de Bouvines, de Marignan, de Rocroy et de Fontenoy, et s'il fallait compter les victoires remportées sous le premier Empire, ce nombre égalerait peut-être celui de toutes les batailles gagnées sous l'ancienne monarchie. Aussi nous n'insistons pas sur ce point et nous passons à l'examen de questions plus sérieuses.

L'Empire, avons-nous dit, est fort parce qu'il s'appuie sur un principe nouveau. Ce principe, c'est celui de la souveraineté du peuple. Les Bourbons n'ont été faibles que parce qu'ils se sont isolés, et ils ne se sont isolés que parce qu'ils se sont appuyés sur le principe du droit divin. Or, qu'est-ce que le droit divin, si ce n'est, en réalité et en laissant de côté tout ce que ces deux mots ont de vague et d'incertain, autre chose que le droit de conquête transmis de siècle en siècle par les rois de France à leurs successeurs? Ce fait est incontestable et l'histoire est là pour le prouver. Louis XVIII disait en 1814 : « Je tiens ma couronne « de Dieu et de mes ancêtres.» Car nous voulons bien croire que la parole qu'il adressa au prince-régent d'Angleterre, ne fut qu'un mot de pure courtoisie; Napoléon Ier disait, et Napoléon III a répété depuis : « Je « tiens ma couronne de Dieu et du peuple. » Dans la différence qui existe entre ces deux paroles, se résument les changements opérés par la Révolution. La première représente la France d'autrefois, la seconde représente la France d'aujourd'hui. En reconnaissant devoir au peuple sa couronne, l'Empereur Napoléon III accepte les grands principes de 1789 et les conséquences qui en découlent. Il représente la Révolution, mais la Révolution dans ce qu'elle a de grand, de pur, de régulier, de vrai et de possible. Il est l'homme de la liberté, mais il est en même temps l'homme de l'ordre, cette première base de tout gouvernement qui veut durer. Ce grand principe de la souveraineté du peuple est appelé à faire le tour de l'Europe. Expansif par lui-même, comme tout ce qui est d'évidence première et de sens commun, il s'étend et se propage de peuple à peuple par une force qui lui est propre. Il est si simple et si clair, que tout homme qui cherche sincèrement la vérité en politique ne peut le méconnaître. Cependant les partisans du droit de conquête ont défendu avec persistance leur principe aimé et ont dit : Votre principe de la souveraineté du peuple n'est, en définitive, que le droit à l'anarchie. En effet, si vous reconnaissez au peuple le droit d'élire, vous devez, pour être logiques avec vous-mêmes, lui reconnaître auss celui de révoquer. Le peuple est changeant, facile à émouvoir et à tromper. Heureux aujourd'hui du chef qu'il s'est donné, il en sera mécontent demain et lui enjoindra d'abandonner le pouvoir. Le prince résistera. De là une lutte où s'abîmeront les forces vives de la nation. Ce raisonnement, il faut bien le dire, es

au point de vue philosophique, rigoureusement vrai.
Mais il faut bien admettre aussi que rien n'est parfait
en ce monde, que la vérité absolue n'existe pas, qu'il
n'y a que des vérités relatives qui changent selon les
hommes et selon les circonstances, et qu'en politique
comme ailleurs il faut chercher le mieux et non le
très-bien. Or, le principe de la souveraineté du peuple est évidemment bien supérieur au principe du
droit de conquête. Le premier élève l'homme et le
second l'abaisse. Le principe de la souveraineté du
peuple est, comme nous venons de le dire, un principe d'évidence et de sens commun, un principe philosophique autant que politique et qui répond au
sentiment intime que nous avons de notre dignité.
Aussi le retrouvons-nous au fond de tous les écrits du
dix-huitième siècle, et voyons-nous Rousseau s'en faire
le premier apôtre. De plus, il est bien évident aussi
qu'un peuple, si léger et si inconstant qu'il puisse être,
ne change pas tous les jours la forme de son gouvernement. Si cela était, il ne pourrait pas vivre. Quand
une nation a choisi celui qu'elle croit digne de prési-
der à ses destinées, elle lui remet ses pouvoirs et ne
garde pour elle que l'obéissance et la fidélité. C'est
alors au prince à bien comprendre le peuple qui s'est
donné à lui, et d'éviter de nouvelles révolutions en
suivant une politique conforme à ses idées et à son
caractère. La France s'était donnée à Napoléon, et
malgré les revers qu'il avait éprouvés elle ne s'était
pas soulevée contre lui; il a abdiqué volontairement.
La France avait accepté la charte. Qui a violé la

charte? Charles X. Si Louis-Philippe est tombé, c'est qu'il a persisté, pendant de longues années, dans un système de politique humiliante pour le pays et qui trouvait des adversaires même parmi ses fils. Il ne faut donc pas s'arrêter à certains mots de convention et s'en exagérer la valeur. Le peuple est inconstant; mais il restera fidèle à l'homme de son choix, si ce dernier sait le comprendre. Or, la conséquence de tout ceci, c'est que le principe de la souveraineté du peuple est, en somme, le seul principe sérieux sur lequel puisse aujourd'hui s'appuyer un gouvernement.

La seconde chose, avons-nous dit, qui fait la force de l'Empire, c'est de tenir haut et ferme le drapeau de la France. Cette assertion n'est pas difficile à prouver. La France a toujours été et est encore un pays essentiellement militaire, et si elle aime la liberté à l'intérieur, elle préfère encore plus le respect à l'extérieur. Cependant, lorsque Napoléon III fut proclamé Empereur, la situation, sous ce rapport, était peu brillante. La politique timide de Louis-Philippe avait, comme nous l'avons vu, bien abaissé la France. Isolée pendant son règne du reste de l'Europe, elle n'osait faire un mouvement, de peur de voir apparaître le spectre redoutable de la coalition. La République avait, sans les défier, tenu aux puissances un langage plus ferme; mais aucun succès ne l'avait sanctionné. L'Empereur résolut de sortir de cette situation qui n'était pas tenable et son premier coup fut un coup d'audace.

Fière de ses soixante millions d'habitants, de ses nombreuses armées, de ses trésors amassés pendant quarante années de paix et de sa forte position entre l'Europe et l'Asie, la Russie avait pris une attitude hostile envers le monde civilisé et menaçait de s'emparer de Constantinople. L'Empereur n'hésita pas à déclarer la guerre. Il s'allia avec l'Angleterre pour donner à la France l'appui moral de la première puissance maritime du globe, et lança l'armée française contre les Russes. On douta un instant du succès. On disait que les généraux et les soldats français, gâtés par les guerres d'Afrique, guerres de ravins et d'embuscades, avaient perdu la main et seraient fort embarrassés pour faire la grande guerre et pour combattre des troupes régulières et bien organisées. La victoire se chargea de justifier l'Empereur, qui avait pensé avec raison que l'armée française était encore aujourd'hui ce qu'elle était il y a quarante ans, et les noms de l'Alma, d'Inkermann et de Sébastopol, furent inscrits dans nos fastes militaires. La campagne de Crimée eut un résultat immense, car elle rendit d'un seul coup à la France la position élevée qu'elle aurait toujours dû occuper en Europe, mais qu'elle avait perdue depuis 1815, position en rapport avec son passé, avec les forces dont elle dispose et avec son caractère.

Trois années s'écoulèrent et bientôt l'Empereur eut occasion d'apprendre à l'Europe que la France était résolue à garder la place qu'elle venait de reconquérir au prix de son sang et qu'elle ne souffrirait même pas qu'on menaçât ses alliés. L'Autriche, qui voyait dans le Piémont la seule puissance italienne qui osât la regarder en face et dans son roi le champion de l'Italie asservie, franchit le Tessin et marcha sur Turin. Mais l'Empereur veillait. Trois cent mille Français pénétrèrent en Italie et chassèrent à coups de canon les Autrichiens de la Lombardie. L'Autriche put apprécier à Magenta et à Solférino, ces deux batailles qui peuvent soutenir le parallèle avec les grandes batailles de l'Empire, si les généraux et les soldats français s'étaient gâtés en Afrique. L'Europe apprit alors qu'il fallait définitivement se résigner à compter avec la France.

La guerre d'Italie eut, en outre, cela de remarquable, c'est qu'elle fut un hommage rendu au grand principe de nationalité, principe philosophique autant que politique, et qui ayant sa source dans le sentiment intime qu'ont les nations de leur propre dignité, domine aujourd'hui le monde civilisé. Il est appelé à régir les relations des nations entre elles, comme le principe de la souveraineté du peuple est appelé à régir les rapports de chaque peuple avec le prince qui le gouverne, et on peut dire avec vérité que ces deux grands principes sont les fondements de la civilisation moderne. Le principe de nationalité vient de triompher en Italie. Il triomphera demain en Hongrie, après-demain en Pologne. C'est un principe naturel et rien ne peut l'étouffer. L'histoire est là pour le démontrer. Comme on l'a fort bien dit, il n'appartenait qu'à la France de combattre pour une idée, et cette fois encore elle a montré, selon le mot de Shakespeare, qu'elle était bien le soldat de Dieu.

Non-seulement l'Empereur a rendu à la France

son prestige passé, mais il s'est appliqué aussi à étendre son influence dans le monde entier. L'expédition de Syrie, celles de Chine et de Cochinchine, n'ont été entreprises que dans cette pensée.

A l'heure où nous écrivons ces lignes, la France est encore engagée à Rome et au Mexique. A Rome, elle soutient un gouvernement perdu dans l'opinion publique, parce que le jour où elle abandonnerait ce gouvernement à lui-même le clergé ne manquerait pas de crier à la trahison. Au Mexique, fidèle aux anciennes traditions de sa politique noble et chevaleresque, elle continue seule une guerre entreprise à trois, comme cela lui est arrivé plusieurs fois dans le cours de son histoire. Mais, confiante dans la sagesse et dans l'énergie de son chef, elle marche d'un pas ferme et assuré, fière de son passé et sûre de l'avenir.

Nous voici arrivé au bout de notre tâche. Nous espérons l'avoir remplie avec modération et impartialité et, à notre avis, nous pouvons tirer de cette rapide étude plusieurs leçons salutaires.

Elle nous apprend d'abord que nous devons être indulgents envers les vaincus, parce qu'ils sont Français comme nous et parce que, en définitive, ils ont tous cherché à faire le bonheur de la France; seulement ils n'ont pas su la comprendre et ont fait fausse route.

Elle nous enseigne aussi qu'à quelque parti que l'on appartienne, il y a toujours un drapeau qu'il ne faut jamais déserter : c'est celui de l'honneur. L'honneur est de tous les partis, car en politique comme ailleurs, l'honneur c'est l'obéissance à la voix de la conscience, c'est l'accomplissement rigoureux du devoir et la fidélité à la patrie.

Cette étude nous apprend enfin que si tant de révolutions ont jeté le doute et l'incertitude dans les esprits et affaibli les convictions politiques, il est temps enfin de raffermir les cœurs et de rendre à la France son unité d'autrefois, en se ralliant franchement au gouvernement impérial qui, seul aujourd'hui, peut lui offrir des garanties certaines de gloire et de prospérité.

FIN